VEGAN & GLUTENFREI

AMERICAN STYLE

**AMERIKANISCH KOCHEN & BACKEN
OHNE VERZICHT**

Annette Heringmann

COPYRIGHT © 2020 ANNETTE HERINGMANN

ALLE RECHTE VORBEHALTEN.

ISBN: 978-1-7770099-4-6

INHALT

VORWORT — 5

FRÜHSTÜCK

Pancakes – Pfannkuchen — 8
Scrambled Tofu – Rührtofu — 9
Granola – Müsli — 10
Blueberry Muffins – Blaubeermuffins — 11
Biscuits – Brötchen — 12
Banana Bread – Bananenbrot — 13
Fritters – Gemüsepuffer — 14

SUPPEN

Creamy Broccoli Soup – Broccolicremesuppe — 16
Corn Chowder – Mais Chowder — 17
Pumpkin Soup with Croutons – Kürbissuppe mit Croutons — 18
Roasted Cauliflower Soup – Blumenkohlsuppe — 19
Cream of Mushroom – Champignoncremesuppe — 20

HAUPTSPEISEN

Macaroni and Cheese – Makkaroni mit Käsesoße — 22
Shepherd's Pie – Linsenauflauf mit Kartoffelpüree — 23
Barbecue Baked Beans – "Gebackene" Bohnen — 24
Stuffed Peppers – Gefüllte Paprika — 25
Carrot Dogs – Karotten "Hot Dogs" — 26
Barbecue Tofu – Tofu mit Barbecue Soße — 27
Buffalo Wings – Blumenkohl "Happen" — 28
Neatloaf – Veganer Hackbraten (Meatloaf) — 29
Black Bean Burger Patties – Bohnenfrikadellen — 30

INHALT

BEILAGEN

Scalloped Potatoes – Kartoffelgratin	32
Roasted Brussel Sprouts – Gerösteter Rosenkohl	33
Cole Slaw – Krautsalat	34
Thousand Island Dressing – Tausend-Insel-Dressing	35
Corn Bread – Maisbrot	36
Oven Fried Okra – Okraschoten aus dem Ofen	37
Sweet Potato Casserole – Süßkartoffelauflauf	38

SÜSSSPEISEN

Apple Pie – Apfelkuchen	40
Brownie – Schokokuchen	41
Donut – Krapfen	42
Fudge – Konfekt	43
Peanut Butter Cookies – Erdnussbutterkekse	43
Cookie Dough – Keksteig	44
Peanut Butter Cups – Erdnussbutterpralinen	45
Cheesecake – Käsekuchen	46
Peach Cobbler – Pfirsichauflauf	47
Cherry Pie – Kirschkuchen	48
Pumpkin Pie – Kürbiskuchen	49
S'mores – Lagerfeuersnack	50
Carrot Cake – Karottenkuchen	52
Red Velvet Cake – Roter Samtkuchen	53

IMPRESSUM 54

VORWORT

Wenn es beim Essen heißt "American Style", denken Viele an Fast Food oder Mikrowellengerichte. Dabei lassen sie die Ära der Kolonialisierung Amerikas oder die Einwanderungsströme des 20. Jahrhunderts außer Acht, als Europäer wie Briten, Niederländer und Franzosen ihre Gerichte, Zutaten und Kochverfahren mit über den Atlantik brachten. Je nachdem wer sich wo niederließ, so sind heute viele US-Staaten bekannt für bestimmte Gerichte, Getränke und Snacks. Das Beste ist, dass sich diese Gerichte vom Original abheben, da sie - wenn es nach den Amerikanern geht - verbessert wurden. Auch wenn darüber gestritten wird, ob nun die Franzosen oder die Belgier die Pommes erfunden haben, meinen die Amerikaner, dass sie in den USA perfektioniert wurden. So ist der Cole Slaw, der von keinem Barbecue wegzudenken ist, eine leicht abgewandelte Version des "Koolsla", der eigentlich aus den Niederlanden stammt. Der Apple Pie kam zwar aus England, jedoch ist er nun so amerikanisch, dass man sich auf diesen Apfelkuchen bezieht, wenn man seinen Patriotismus zum Ausdruck bringen möchte, dann heißt es nämlich: "as American as apple pie". Für mich ist es immer interessant, wie sich Gerichte mit der Zeit verändern, wie sie von Ländern und Kulturen beansprucht werden und wie sich Menschen mit ihnen identifizieren. Und genau diese Gerichte entwickeln sich immer weiter, bis heute noch. Sie passen sich neuen Gegebenheiten und dem Essverhalten der Menschen an. Ich lebe schon seit einiger Zeit in den USA und gehöre zu der Kategorie "Einwanderer des 21. Jahrhunderts" und auch ich trage zu der Weiterentwicklung dieser Gerichte bei. Als ich vor mehreren Jahren angefangen habe, mich vegan zu ernähren, wollte ich bei Barbecues nicht zu kurz kommen. Ich wollte beweisen, dass ich trotz meiner Präferenzen das amerikanische Essen genauso genießen kann, wie jeder Amerikaner auch. Zudem kam noch hinzu, dass ich aus gesundheitlichen Gründen auf Gluten verzichten musste. Also stellte dies eine weitere Herausforderung für mich dar. Probieren geht über Studieren, also probierte ich fleißig, bis ich beim Kochen Geschmack und Konsistenz so hinbekam, wie bei dem Äquivalent mit tierischen und glutenhaltigen Produkten.

Ich bin ein großer Fan von allem Unkomplizierten. Deswegen mag ich kurze Zutatenlisten und einfache Rezepte. Falls es dann doch zu lang oder kompliziert wird, greife ich auch mal zu bereits fertigen glutenfreien Mehlmischungen aus dem Supermarkt. Wenn sich eine Zutatenliste im Rahmen hält, "experimentiere" ich mit Mehlen und Stärken. Während der Entwicklung der Rezepte habe ich bemerkt, dass es bei vielen Gerichten egal ist, welche Art von pflanzlichem Milchersatz man verwendet, ob z. B. Soja-, Mandel- oder Cashewmilch. Beim mehrmaligen Testen der Gerichte ist mir aufgefallen, dass manchmal auch beim Zucker es keine Rolle spielt, ob man zum Raffinade-, Kokos- oder braunen Zucker greift. Wenn Sie also das Wort "Zucker" lesen, ist es Ihnen überlassen, welche Art von Zucker Sie verwenden. Falls aber explizit z. B. "brauner Zucker" aufgelistet ist, so verwenden sie diesen auch entsprechend. Eins ist sicher, Sie müssen auf Grund Ihres Lifestyles auf nichts verzichten und können weiterhin schlemmen und genießen, und das auf amerikanische Art und Weise.

Und nun lassen Sie sich mitnehmen auf eine kulinarische Reise durch die USA. Stellen Sie sicher, dass Sie jeden einzelnen geschmacklichen "Trip" genießen und es sich schmecken lassen... oder wie die Amerikaner sagen würden: Enjoy!

Ihre
Annette

BREAKFAST

FRÜHSTÜCK

200 g Reismehl
60 g Tapiokastärke
1 EL Leinsamen, sehr fein geschrotet
1 TL Backpulver
1/2 TL Salz
2 EL Zucker
240 ml Mandelmilch
60 ml Öl
1 TL Apfelessig

PANCAKES

Reismehl, Tapiokastärke, geschrotete Leinsamen, Backpulver, Salz und Zucker in einer Schüssel gut mischen. Danach Mandelmilch, Öl und Apfelessig hinzufügen und verquirlen.
Eine beschichtete Pfanne auf mittlerer Stufe erwärmen. Den Teig portionsweise mit einer kleinen Suppenkelle oder einem großen Löffel auf die Pfanne geben. Die Teigmenge hängt von der bevorzugten Pfannkuchengröße ab. Sobald nach ca. 2–4 Minuten die Pfannkuchen Bläschen bilden, die Pfannkuchen wenden. Diesen Vorgang mit dem restlichen Teig wiederholen. Je nach Größe der Pfannkuchen ergibt die Menge etwa 6–9 Pfannkuchen. Mit Früchten, Ahornsirup oder Puderzucker servieren.

1-2 Frühlingszwiebeln, in dünne Streifen geschnitten
80 g Gemüse, gewürfelt (z. B. rote Paprika, Champignons, Grünkohl, Tomaten)
1/2 EL Öl
160 g fester Tofu, abgetropft
1/4 TL Kurkuma, gemahlen
1/2 TL Nährhefe
Prise edelsüßer Paprika, gemahlen
Prise Cayennepfeffer, gemahlen
Prise Salz, schwarz (Kala Namak)
Salz und Pfeffer, gemahlen

SCRAMBLED TOFU

Öl in einer Pfanne erhitzen und die Zwiebeln weich braten. Das in kleine Würfel geschnittene Gemüse dazugeben und einige Minuten mitbraten. Den Tofu abtropfen, mit den Händen fein zerbröseln und mit in die Pfanne geben. Kurkuma, Nährhefe, Paprika, Cayennepfeffer, Salze und Pfeffer hinzufügen. Alle Zutaten gut vermischen und für einige Minuten unter Rühren braten, bis das Gemüse weich geworden ist und der Tofu durch die Gewürze eine gelbe Farbe erhalten hat. Ergibt 1-2 Portionen.

330 g Hafer, glutenfrei
120 g Walnüsse, gehackt
3 EL Leinsamen, sehr fein geschrotet
2 TL Zimt, gemahlen
1 TL Muskatnuss, gemahlen
1/2 TL Piment, gemahlen
1/2 TL Nelken, gemahlen
1/2 TL Ingwer, gemahlen
1/4 TL Salz
80 ml Ahornsirup
60 ml Apfelsaft oder Apfelessig
1/2 TL Vanille-Extrakt
Kokos Chips (optional)

GRANOLA

Hafer, Walnüsse, gemahlenen Leinsamen, Zimt, Muskatnuss, Piment, Nelken, Ingwer und Salz in eine Schüssel geben und gut vermischen. Ahornsirup, Apfelsaft oder -essig und Vanille-Extrakt hinzufügen und gut untermischen. Das Hafer-Gemisch gleichmäßig auf einem mit Backpapier belegten Backblech verteilen und im vorgeheizten Backofen bei 160°C für ca. 25-30 Minuten backen. Anschließend auskühlen lassen und mit Früchten und pflanzlichem Milchersatz servieren. Das Müsli kann in einem luftdichten Behälter aufbewahrt werden.

200 g Hafermehl, glutenfrei
40 g Reismehl
1 EL Leinsamen, sehr fein geschrotet
3 TL Backpulver
1/2 TL Salz
180 ml pflanzlicher Milchersatz
120 ml Ahornsirup
80 ml Öl
1 EL Apfelessig
2 TL Vanille-Extrakt
230 g Blaubeeren (amerikanische Heidelbeeren)

BLUEBERRY MUFFINS

Hafermehl, Reismehl, Leinsamen, Backpulver und Salz in eine Schüssel geben und gut vermischen. Pflanzliche Milch, Ahornsirup, Öl, Apfelessig, Vanille-Extrakt hinzufügen und gut umrühren. Blaubeeren hinzufügen und vorsichtig unterrühren. Teig in eine gefettete oder mit Papierformen ausgekleidete Muffinform portionieren und im vorgeheizten Backofen bei 190°C für ca. 20 Minuten backen, bis die Muffins goldbraun sind. Beim Servieren nach Wunsch die Muffins mit Puderzucker bestreuen. Ergibt 12 Muffins.

BISCUITS

160 g Kartoffelstärke
140 g Mandelmehl
10 g Maisstärke
1 TL Salz
2 1/5 TL Backpulver
12 g Zucker
2 TL Nährhefe
60 g vegane Butter oder Margarine
Ca. 120 ml Kokosnussmilch aus der Dose

Zum Bestreichen
vegane Butter oder Margarine
Marmelade

Kartoffelstärke, Mandelmehl, Maisstärke, Salz, Backpulver, Zucker und Nährhefe in eine Schüssel geben und gut vermischen. Vegane Butter oder Margarine hinzufügen und mit Hilfe einer Gabel in das Mehl einarbeiten, bis sich kleine Klümpchen bilden. Unter Rühren Kokosnussmilch nach und nach hinzugeben, bis ein klebriger Teig entsteht. Der Teig sollte nicht zu trocken und auch nicht zu nass sein. Bei Bedarf mehr Kokosnussmilch oder mehr Kartoffelstärke hinzugeben.
Auf einer bemehlten Arbeitsfläche den Teig mit bemehlten Händen plattdrücken bis er ca. 2,5 – 3 cm dick ist. Mit einem bemehlten Ausstecher oder einem Trinkglas runde oder eckige Formen ausstechen, diese auf ein mit Backpapier belegtes Backblech legen und mit geschmolzener veganer Margarine oder Butter bestreichen.
Im vorgeheizten Backofen bei 200°C für ca. 15 Minuten backen, aus dem Ofen nehmen und anschließend für 10 Minuten auf dem Backblech abkühlen lassen.
Mit veganer Butter oder Margarine und Marmelade nach Wahl reichen.

BANANA BREAD

240 g Hafermehl, glutenfrei
1 TL Backpulver
1 TL Natron
1 TL Salz
1 TL Zimt, gemahlen
1/2 TL Muskatnuss, gemahlen
4 reife Bananen
80 ml Ahornsirup
60 ml pflanzlicher Milchersatz
60 ml Öl
1 TL Vanille - Extrakt
1 TL Apfelessig
100 g Walnüsse

Hafermehl, Backpulver, Natron, Salz und Gewürze in eine Schüssel geben und gut vermischen. Die reifen Bananen schälen und in einer separaten Schüssel entweder mit einer Gabel gut zerstampfen oder in einem Mixer pürieren. Ahornsirup, pflanzlichen Milchersatz, Öl, Vanille-Extrakt und Apfelessig zu den Bananen hinzufügen und zu einem glatten Püree verarbeiten. Die nassen Zutaten zu den trockenen Zutaten geben und gut vermischen. 3/4 der Walnüsse entweder ganz oder grob zerkleinert mit in den Teig geben und umrühren. Den Teig in eine gefettete Kastenform oder Auflaufform gießen und mit den restlichen Walnüssen bestreuen. Nach Belieben kann der Teig auch mit Bananenscheiben oder einer halben Banane dekoriert werden. Die Form nun in den vorgeheizten Backofen geben und bei 180°C für 55-60 Minuten backen, bis die Kruste goldbraun ist. Den Laib abkühlen lassen und in Scheiben servieren.

3 Zucchini, mittelgroß, gerieben
45 g Kichererbsen Mehl
3 Frühlingszwiebeln, in feine Ringe geschnitten
1 EL frische Petersilie, gehackt
1 EL frischer Dill, gehackt
2 Knoblauchzehen, gehackt
1 TL Salz
1/2 TL Oregano, gerebelt
1/4 TL Pfeffer, gemahlen
Öl zum Frittieren

FRITTERS

Die geriebenen Zucchini auswringen und in eine Schüssel geben. Kichererbsen Mehl, Frühlingszwiebeln, Petersilie, Dill, Knoblauch, Salz, Oregano und Pfeffer hinzufügen und gut vermischen. Öl in einer Pfanne erhitzen und pro Zucchini-Puffer einen gehäuften Esslöffel der Zucchinimischung in die Pfanne geben und kleine Fladen formen. Pro Seite ca. 3-4 Minuten braten, bis die Zucchini-Puffer goldbraun sind. Um überschüssiges Öl zu entfernen, die Zucchini-Puffer auf Küchenkrepp platzieren und anschließend warm servieren. Ergibt ca. 12 Puffer.

SOUPS

SUPPEN

3 EL Öl
1/2 Zwiebel, groß, fein gehackt
30 g Reismehl
950 ml Gemüsebrühe
240 ml Wasser
2 EL Nährhefe
900 g frische Brokkoliröschen
60 ml Mandelmilch
1/2 TL Salz
1/4 TL Pfeffer, gemahlen

CREAMY BROCCOLI SOUP

Öl in einem Topf erhitzen und die Zwiebel bei mittlerer Hitze darin weich braten. Reismehl hinzufügen, gut verrühren und eine Mehlschwitze erzeugen. Unter ständigem Rühren nach und nach Brühe, Wasser und Nährhefe hinzugeben und zum Kochen bringen. Hitze runterstellen und 10 Minuten unter häufigem Rühren köcheln lassen. Brokkoli zugeben und unter mehrmaligem Rühren weiterkochen, bis nach ca. 20 Min. der Brokkoli weichgekocht ist. Mandelmilch, Salz und Pfeffer hinzugeben und nach Wunsch mit dem Stabmixer leicht pürieren. Ergibt 3-4 Portionen.

CORN CHOWDER

1 EL Öl
1/2 Zwiebel, groß, gewürfelt
1 Stiel Stangensellerie, gewürfelt
1 rote Paprika, gewürfelt
1 Dose (300 g) Mais
3 Kartoffeln, geschält und gewürfelt
1/2 TL Thymian, gerebelt
1/2 TL Oregano, gerebelt
1/2 TL Salz
1/4 TL Pfeffer, gemahlen
30 g Reismehl
950 ml Gemüsebrühe
240 ml pflanzlicher Milchersatz

Öl in einem Topf erhitzen und Zwiebel, Sellerie und rote Paprika für 4-5 Minuten braten. Mais abtropfen und zusammen mit den Kartoffeln, Thymian, Oregano, Salz und Pfeffer in den Topf geben und gut vermischen. Reismehl hinzufügen und verrühren, bis die Zutaten im Topf gleichmäßig mit Mehl bedeckt sind. Gemüsebrühe hinzufügen, umrühren und zum Kochen bringen. Die Hitze reduzieren und weiter köcheln lassen, bis die Kartoffeln weich sind (ca. 20 Minuten). Pflanzlichen Milchersatz hinzufügen, verrühren und die Suppe vor dem Servieren kurz erhitzen.

PUMPKIN SOUP WITH CROUTONS

1 Hokkaidokürbis (ca. 450 g)
3 EL Öl
1 Zwiebel, groß, gehackt
3 Knoblauchzehen, gehackt
1/2 TL Salz
1/2 TL Zimt, gemahlen
1/2 TL Muskatnuss, gemahlen
8 TL Nelken, gemahlen
1/8 TL Cayennepfeffer, gemahlen

1/4 TL Pfeffer, schwarz, gemahlen
950 ml Gemüsebrühe
120 ml Kokosnussmilch oder vegane Sahne
2 EL Ahornsirup

2 Scheiben glutenfreies Brot (ca. 80 g)
1 EL Öl
1 Knoblauchzehe, gepresst

Den Kürbis waschen, vierteln und mit Hilfe eines Löffels von den Kernen befreien. Das Kürbisfleisch mit 1 EL Öl bestreichen und mit dem Fleisch nach unten auf ein mit Backpapier belegtes Backblech legen und im vorgeheizten Backofen bei 220°C für 35 Minuten rösten. Danach kurz abkühlen lassen, die Kürbisschale entfernen und das Kürbisfleisch in kleine Stücke schneiden.
2 EL Öl in einem Topf erhitzen und Zwiebel zusammen mit dem Knoblauch weich braten. Die Kürbisstücke, Salz, Zimt, Muskatnuss, Nelken und Cayennepfeffer, schwarzen Pfeffer und die Gemüsebrühe zu dem Zwiebelgemisch geben und zum Kochen bringen. Danach die Hitze runterfahren und bei kleiner Flamme für 15 Minuten kochen.
In der Zwischenzeit die glutenfreien Brotscheiben in Würfel schneiden. 1 EL Öl in einer Pfanne erhitzen und den gepressten Knoblauch und die Brotwürfel darin für ca. 5 Minuten braten. Dabei die Brotwürfel regelmäßig wenden.
Nun die Kokosnussmilch oder vegane Sahne und den Ahornsirup zu der Suppe geben und mit einem Stabmixer pürieren. Die Suppe mit Croutons servieren.

ROASTED CAULIFLOWER SOUP

1 Kopf Blumenkohl, mittelgroß
2 EL Öl
1/4 TL Kümmel, gemahlen
1 TL Salz
200 g Kichererbsen, aus der Dose
1/4 TL Chipotle Pulver / Chilipulver
1/2 Zwiebel, groß, in kleine Würfel geschnitten
1 Knoblauchzehe, gehackt
950 ml Gemüsebrühe
1/4 TL Pfeffer, gemahlen
2 EL Petersilie, getrocknet

Den Blumenkohl von den Blättern und dem Strunk befreien. Den Kopf vierteln und an jedem Viertel den Strunk abschneiden, so dass die Röschen abfallen. Große Röschen mit den Händen auseinanderbrechen. In einer Schüssel die kleinen Röschen mit 1/2 EL Öl, Kümmel und 1/2 Salz vermischen und auf einem mit Backpapier ausgelegten Backblech verteilen. Die Kichererbsen abtropfen und in derselben Schüssel mit 1/2 EL Öl, und Chipotle-Pulver gut vermischen. Die Kichererbsen mit aufs Backblech neben die Röschen geben. Im vorgeheizten Backofen bei 200°C für 20 Minuten rösten.
In der Zwischenzeit 1 EL Öl in einem Topf erhitzen und die Zwiebel weichbraten, Knoblauch hinzufügen und eine weitere Minute mitbraten. Die gerösteten Röschen und die Gemüsebrühe hinzufügen. Mit einem Stabmixer pürieren. 1/2 TL Salz und Pfeffer hinzufügen. Unter Rühren aufkochen. Mit den gerösteten Kichererbsen und der getrockneten Petersilie servieren.

2 EL Öl
1/2 Zwiebel, groß, fein gehackt
230 g frische Champignons, in Scheiben geschnitten
2 Knoblauchzehen, gehackt
30 g Reismehl
1/2 TL Salz
1/4 TL Pfeffer, gemahlen
1/4 TL Muskatnuss, gemahlen
1/4 TL Thymian, gerebelt
950 ml Gemüsebrühe
240 ml pflanzlicher Milchersatz

CREAM OF MUSHROOM

Öl In einem Topf erhitzen und die Zwiebel und Pilze bei mittlerer Hitze 3-4 Minuten anbraten. Knoblauch hinzufügen und eine weitere Minute mitbraten. Reismehl, Salz, Pfeffer, Muskatnuss und Thymian hinzufügen und gut verrühren. Gemüsebrühe und pflanzlichen Milchersatz hinzugeben, gut umrühren und zum Kochen bringen. Die Hitze runterfahren und unter häufigem Rühren für ca. 15-20 Minuten köcheln lassen, bis die Suppe eingedickt ist.

MAINS

HAUPTSPEISEN

250 g Hörnchen Makkaroni, glutenfrei

<u>Soße</u>
2 Kartoffeln, mittelgroß, gewürfelt
1 Karotte, mittelgroß, gewürfelt
4 EL Nährhefe
120 ml Kochwasser
1 TL Apfelessig
1/2 TL Knoblauchpulver
1 TL Salz

MACARONI AND CHEESE

Die Makkaroni nach Packungsanleitung zubereiten.
In einem Topf Wasser zum Kochen bringen und das geschälte und gewürfelte Gemüse bei mittlerer Hitze weichkochen. 120 ml des Kochwassers in einen Standmixer oder eine Küchenmaschine geben. Abgetropfte Gemüse, Nährhefe, Essig, Knoblauchpulver und Salz mit in den Mixer geben und auf hoher bis mittlerer Stufe die Soßenzutaten für 1-2 Minuten zu einer cremigen Masse verarbeiten.
Die abgetropften Makkaroni mit der Soße gut vermischen und warm servieren.

SHEPHERD'S PIE

Gemüsefüllung
2 EL Öl
1 Zwiebel, mittelgroß, gewürfelt
2 Knoblauchzehen, gehackt
150 g Karotten, gewürfelt
150 g grüne Linsen, gekocht, z. B. aus der Dose
75 g Erbsen
75 g Mais
2 EL Reismehl
1 EL Thymian, gerebelt
1 TL Salz
1/2 TL Pfeffer, gemahlen
120 ml Gemüsebrühe

Kartoffelpüree
1,5 L Wasser
Salz und Pfeffer, gemahlen
900 g Kartoffeln, gewürfelt
1 EL vegane Margarine
1 EL pflanzlicher Milchersatz

In einem Topf Wasser erhitzen, salzen und geschälte und gewürfelte Kartoffeln hinzufügen. Den Topf zum Kochen bringen und bei mittlerer Stufe köcheln lassen bis die Kartoffeln weich sind.

Währenddessen Öl in einem weiteren Topf erhitzen. Zwiebel, Knoblauch und Karotten hinzufügen und für einige Minuten weich braten. Linsen, Erbsen und Mais hinzufügen und für einige Minuten mitbraten. Reismehl, Thymian, Salz und Pfeffer hinzugeben und gut verrühren. Gemüsebrühe hinzufügen und unter Rühren aufkochen und weiterrühren, bis das Gemüsegemisch eingedickt ist.

Die Kartoffeln abtropfen und während dem Stampfen vegane Margarine, pflanzlichen Milchersatz, nach Wunsch Salz und Pfeffer hinzufügen. Das Gemüsegemisch in einer gefetteten Auflaufform gleichmäßig verteilen und das Kartoffelpüree auf das Gemüse geben und glattstreichen. Im vorgeheizten Backofen bei 200°C für 25 Minuten backen, bis die Kartoffelkruste braun wird. Nach Wunsch mit frischen Kräutern reichen.

BARBECUE BAKED BEANS

300 g kleine weiße Bohnen, trocken ODER 500-600 g abgetropfte weiße Bohnen aus der Dose

1 EL Öl
3 Knoblauchzehen, fein gehackt
800 g fein gehackte Tomaten aus der Dose
3 EL Zuckerrübensirup
1 TL Kümmel, gemahlen
1 TL Rosmarin, gemahlen
2 TL Salz
1 gehäufter EL geräucherter Paprika, gemahlen

1 Zwiebel, groß, fein gehackt
1 Paprika, rot, fein gewürfelt
60 ml Apfelessig
1 EL Senf
1 Lorbeerblatt
1/2 TL Chili-Flocken oder -Pulver
1 TL Pfeffer, gemahlen
240 ml Wasser

Bei Verwendung von trockenen Bohnen, die Bohnen über Nacht in Wasser einweichen und anschießend abtropfen. Frisches Wasser in einen Topf geben und die Bohnen für 60-90 Minuten weichkochen und anschließend wieder abtropfen und beiseitestellen.
In einem Topf Öl erhitzen und Zwiebel und Knoblauch kurz anbraten. Gewürfelte Paprika hinzufügen und mitbraten, bis sie weich ist. Nun die Bohnen zusammen mit allen restlichen Zutaten in den Topf geben, gut verrühren und auf niedriger bis mittlerer Flamme zugedeckt für ca. 40-60 Minuten kochen, bis alles eingedickt ist.

STUFFED PEPPERS

150 g Reis, braun
4-5 holländische Paprika, rot, orange, gelb und grün
1 EL Öl
1 Zwiebel, mittelgroß, gewürfelt
2 Knoblauchzehen, gehackt
1 Stiel Stangensellerie, gewürfelt
100 g Tomaten, frisch, gewürfelt oder stückig, aus der Dose
1 EL Tomatenmark
1/4 TL Basilikum, gerebelt
1/4 TL Thymian, gerebelt
15 g Walnüsse, gehackt
Handvoll Reibekäse, vegan
1/2 TL Salz
1/2 TL Salbei, trocken, geschnitten
1/4 TL Knoblauchpulver
Handvoll Brotkrümel, glutenfrei
2-3 EL Wasser

Reis nach Packungsanleitung kochen und beiseitestellen. Paprika waschen und den „Deckel" abschneiden. Die Paprika entkernen.
Öl in der Pfanne erhitzen, Zwiebel, Knoblauchzehen und Sellerie anbraten. Anschießend Tomaten und Tomatenmark hinzufügen und für ein paar Minuten mitbraten. Salz und die restlichen Gewürze mit in die Pfanne geben und gut vermischen. Die gehackten Walnüsse, den gekochten Reis und auf Wunsch glutenfreie Brotkrümel untermischen und die Paprika damit befüllen. Die gefüllten Paprika in einen Bräter oder eine hohe Auflaufform aufrecht reinsetzen. mit veganem Reibekäse bestreuen und die Paprika-„Deckel" draufsetzen. Falls durch die unterschiedlichen Größen und Anzahl der Paprika noch Füllung übriggeblieben ist, diese mit Wasser verdünnen und mit dazugeben. Den Bräter oder die Auflaufform mit einem Deckel verschließen oder mit Alufolie abdecken und im vorgeheizten Backofen bei 180°C für 45 Minuten backen. Dann die Alufolie entfernen und für weitere 10 Minuten backen.

CARROT DOGS

4 Karotten, groß   Wasser

Marinade
125 ml Tamarisauce   125 ml Apfelessig   125 ml Wasser
2 EL Ahornsirup   2 TL Paprika, edelsüß   2 TL Knoblauchpulver
1/2 TL Pfeffer, gemahlen

4 glutenfreie, vegane Hot Dog Brötchen

Karotten schälen, waschen und nach Wunsch auf die Größe der Hot Dog Brötchen hin kürzen. Einen Topf mit Wasser zum Kochen bringen und die Karotten für 20-30 Minuten auf mittlerer Flamme köcheln lassen. In der Zwischenzeit die Marinade zubereiten. Dazu Tamarisauce, Apfelessig, Wasser, Ahornsirup und Gewürze in einen flachen Aufbewahrungsbehälter füllen und gut vermischen. Die Karotten abtropfen und in den Behälter geben, so dass sie gut mit der Marinade bedeckt sind. Den Behälter verschließen und für 24 Stunden im Kühlschrank aufbewahren. Die Karotten abtropfen. Die Marinade nicht weggießen, diese kann z. B. in Stir Fries Verwendung finden. Die Karotten auf einem Kontaktgrill oder in der Pfanne für 5-10 Minuten braten. Anschließend in glutenfreie vegane Hot Dog Brötchen legen und mit Ketchup und Senf servieren oder nach Belieben belegen, wie z. B. mit Toppings wie gerösteten oder frischen Zwiebeln, Tomaten, Paprikastreifen oder (Sauer)Kraut.

BARBECUE TOFU

Sauce
170 g Tomatenmark
1 EL Granatapfelsirup
1 EL Tamarisauce
1/2 EL Zwiebeln, granuliert
1 TL Salz
60 ml Wasser

180 ml Apfelessig
4 EL Ahornsirup
1/2 EL Knoblauchpulver
1 1/2 TL Paprika, edelsüß, gemahlen
1 TL Pfeffer, gemahlen

400 g fester Tofu, abgetropft, in große Würfel geschnitten
Öl für die Pfanne

Tomatenmark, Essig, Granatapfelsirup, Ahornsirup, Tamarisauce, Knoblauchpulver, granulierte Zwiebeln, Paprika, Salz, Pfeffer und Wasser in einen Topf geben und gut verquirlen, bis eine glatte Masse entsteht. Bei schwacher bis mittlerer Hitze unter ständigem Rühren die Soße für ca. 10-15 Minuten eindicken lassen. Anschließend vom Herd nehmen und beiseitestellen. Die Tofu-Stücke entweder aufspießen und auf den Grill geben oder etwas Öl in einer Grillpfanne erhitzen und die Tofu-Stücke bei mittlerer bis hoher Hitze von allen Seiten braten, bis Grillstreifen auf dem Tofu entstehen. Die Tofu-Stücke mit der Barbecue Soße von allen Seiten bestreichen und für eine weitere Minute auf den Grill oder die Grillpfanne legen. Die Stücke nochmals mit Soße bepinseln und für eine weitere Minute grillen. Diesen Vorgang für 2-3 weitere Male wiederholen. Bei übriggebliebener Barbecue Soße kann sie z. B. für Stir Frys oder als Marinade Verwendung finden.

1 Kopf Blumenkohl (oder Broccoli)

Panade
250 ml pflanzlicher Milchersatz
120 g Kichererbsen Mehl
1 TL Zwiebeln, granuliert
1 TL Knoblauchpulver
1/2 TL Salz
1/4 TL Paprika, edelsüß, gemahlen
1/8 TL Pfeffer, gemahlen

Buffalo Soße
125 ml Wasser
4 EL Apfelessig
4 EL Tomatenmark
2 EL Tamarisauce
2 EL Tahini (Sesampaste)
2 TL Paprika, edelsüß, gemahlen
2 TL Knoblauchpulver
1/2 TL Cayennepfeffer, gemahlen

Den Blumenkohl von den Blättern und dem Strunk befreien. Den Kopf vierteln und an jedem Viertel den Strunk abschneiden, so dass die Röschen abfallen. Große Röschen mit den Händen häppchengroß auseinanderbrechen.
Alle Zutaten für die Panade in einer Schüssel gut vermischen, bis keine Klumpen mehr vorhanden sind. Die Röschen in die Schüssel geben und so wenden, bis alle Röschen mit der Panade gut bedeckt sind.
Die Röschen auf ein mit Backpapier belegtes Backblech legen und im vorgeheizten Backofen bei 230°C für 20 Minuten backen, zwischendurch einmal wenden.
Alle Zutaten für die Buffalo Soße in eine Schüssel geben und glattrühren. Die Röschen in die Soße tunken, überschüssige Soße abtropfen und die Röschen erneut auf das Backblech legen. Die Röschen für weitere 20 Minuten backen, bis sie goldbraun sind, dabei wieder zwischendurch wenden. Für zusätzliche Schärfe die Röschen mit Chili Soße reichen.

NEATLOAF

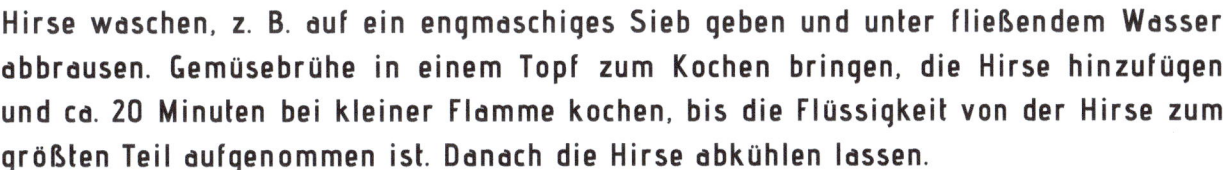

200 g Hirse
700 ml Gemüsebrühe
3 Kartoffeln, gewürfelt
3 EL Öl
3 Zwiebeln, klein, fein gehackt
3 Knoblauchzehen, fein gehackt
2 Stiele Stangensellerie, gewürfelt
1 TL Kümmel, gemahlen
1 TL Salbei, trocken, geschnitten
1 TL Thymian, gerebelt
1 TL Salz
2 EL Balsamico-Essig

Soße
150 g stückige Tomaten   2 EL Senf   2 EL brauner Zucker   2 EL Essig

Hirse waschen, z. B. auf ein engmaschiges Sieb geben und unter fließendem Wasser abbrausen. Gemüsebrühe in einem Topf zum Kochen bringen, die Hirse hinzufügen und ca. 20 Minuten bei kleiner Flamme kochen, bis die Flüssigkeit von der Hirse zum größten Teil aufgenommen ist. Danach die Hirse abkühlen lassen.
Die Kartoffeln schälen, würfeln und in einem separaten Topf weichkochen, abtropfen und abkühlen lassen. In einer Pfanne Öl erhitzen und Zwiebeln und Knoblauchzehen kurz anbraten. Stangensellerie hinzufügen und für einige Minuten mitbraten, bis der Sellerie und die Zwiebeln weich sind. Kümmel, Salbei, Thymian und Salz hinzugeben, die Hitze komplett runterstellen und das Zwiebelgemisch mit Balsamico-Essig ablöschen und abkühlen lassen. Abgekühlte Hirse, Kartoffeln und Zwiebelgemisch in eine Rührschüssel geben und mit den Händen gut verkneten. Eine Kastenform mit Backpapier auslegen, die Knetmasse gut in die Kastenform drücken und im vorgeheizten Backofen bei 180°C für 30-45 Minuten backen.
In einer Schüssel die Soßenzutaten gut vermischen. Den Laib abkühlen lassen, in Scheiben schneiden und mit der Tomatensauce servieren.

BLACK BEAN BURGER PATTIES

1 EL Chiasamen 3 EL Wasser
1/2 Paprika, grün, grob gehackt
1/2 Zwiebel, mittelgroß, grob gehackt
2 Knoblauchzehen, gehackt
Handvoll frische Korianderblätter
1 EL Chilipulver 1 EL Kümmel
1 TL Paprika, edelsüß, gemahlen 1 TL Salz
240 g schwarze Bohnen aus der Dose
65 g Haferflocken, kernig, glutenfrei

Chiasamen und Wasser gut vermischen und für 15 Minuten beiseitestellen. Grob gehackte Paprika und Zwiebel, Knoblauchzehen, Korianderblätter und Gewürze in eine Küchenmaschine geben und fein zerkleinern. Chiasamen, gut abgetropfte schwarze Bohnen und Haferflocken zu dem zerkleinerten Gemüse geben und die Küchenmaschine kurz anstellen, bis alles gut vermischt ist. Die Masse für eine Stunde im Kühlschrank ruhen lassen, anschließend daraus 4 gleich große Patties formen und auf ein mit Backpapier belegtes Backblech legen. Im vorgeheizten Backofen bei 190°C für 10 Minuten backen. Die Patties wenden und für weitere 10 Minuten backen. Mit glutenfreien Hamburgerbrötchen und bevorzugtem Belag wie z. B. Soßen, Salat- oder Spinatblatt, Avocado, Tomaten und Zwiebel servieren.

SIDES

BEILAGEN

1 kg Kartoffeln, in dünne Scheiben geschnitten
3 EL Öl
1 Zwiebel, klein, fein gehackt
1 Knoblauchzehe, fein gehackt
2 EL Reismehl
2 EL Nährhefe
1 TL Salz
1/4 TL Pfeffer, gemahlen
550 ml Mandelmilch

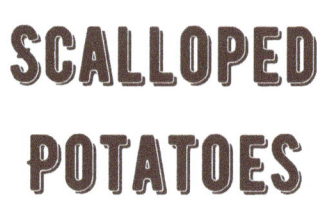

SCALLOPED POTATOES

Kartoffeln waschen, schälen und in feine, dünne Scheiben schneiden.
Öl in einem Topf erhitzen und die fein gehackte Zwiebel darin kurz anbraten. Gehackten Knoblauch hinzufügen und für ein paar Minuten mitbraten. Reismehl, Nährhefe, Salz und Pfeffer hinzufügen und eine Mehlschwitze erzeugen. Unter ständigem Rühren langsam die Mandelmilch hinzugeben, um Klumpen zu vermeiden. Unter Rühren aufkochen, bis die Soße eingedickt ist.
Eine Auflaufform einfetten, die Kartoffeln darin verteilen und die Soße gleichmäßig drüber gießen. Die Auflaufform mit Alufolie bedecken und bei 180°C für 30 Minuten backen. Die Folie entfernen und für ca. 20 Minuten weiterbacken.

1 kg Rosenkohl
Salz
Pfeffer, gemahlen
1 TL Rosmarin, gemahlen oder gerebelt
3 EL Öl
1/2 EL Balsamico-Essig

ROASTED BRUSSEL SPROUTS

Rosenkohl von vergilbten Blättern und vom Strunk befreien, waschen, gut abtrocknen und halbieren. Den Rosenkohl in eine Rührschüssel geben, mit Salz, Pfeffer, Rosmarin, Öl und Essig vermischen und anschließend auf ein mit Backpapier belegtes Backblech verteilen. Dabei den Rosenkohl mit der Schnittfläche nach oben legen. Im vorgeheizten Backofen bei 200°C für 15 Minuten backen. Dann den Rosenkohl wenden und für 10 Minuten weiterbacken.

300 g Weißkohl, in feine Streifen geschnitten
100 g Rotkohl, in feine Streifen geschnitten
1 Zwiebel, mittelgroß, in feine Streifen geschnitten
1 Karotte, groß, geraspelt oder in feine Streifen geschnitten

Dressing
3 EL Apfelessig
1/2 EL Senf
1 EL Ahornsirup
1/4 TL Pfeffer, gemahlen

3 EL Öl
1 TL Selleriesaat
1/4 TL Salz

COLE SLAW

Wer es cremig mag, gibt 200 g vegane und glutenfreie Mayonnaise dazu.

Weißkohl, Rotkohl, Zwiebel und Möhre wie oben erwähnt verarbeiten, in eine große Schüssel geben und vermischen.
Apfelessig, Öl, Senf, Selleriesaat, Ahornsirup, Salz und Pfeffer und für die cremige Variante Mayonnaise in einer kleinen Schüssel gut verquirlen und über den Kohlsalat geben. Das Dressing sehr gut in den Kohlsalat einarbeiten und vermischen.
Vor dem Servieren einige Stunden in den Kühlschrank stellen.

75 g Cashewkerne
120 ml Wasser
60 ml Zitronensaft
450 g Tofu, fest
1/2 TL Salz
1 TL Zwiebeln, granuliert
2 TL Ahornsirup
225 g Tomatensoße aus dem Tetrapak
1 TL Knoblauchpulver

THOUSAND ISLAND DRESSING

Cashewkerne für 6 Stunden in Wasser einweichen, abtropfen und zusammen mit allen Zutaten in eine Küchenmaschine oder Standmixer geben und zu einer glatten Soße verarbeiten. Vor dem Servieren für eine Stunde im Kühlschrank aufbewahren. Passt zu Salaten, ist geeignet als Dip oder kann als Burgersoße verwendet werden.

240 ml Mandelmilch
3 EL Öl
1/2 TL Apfelessig
230 g Maismehl
120 g Hafermehl, glutenfrei
60 g Zucker
1 EL Backpulver
1/2 TL Salz

CORN BREAD

Mandelmilch, Öl und Apfelessig in eine Rührschüssel geben und gut verrühren. Maismehl, Hafermehl, Zucker, Backpulver und Salz hinzufügen, gut untermischen und zu einem Teig verarbeiten. Den Teig in eine gefettete Auflaufform geben und darin gleichmäßig verteilen. Im vorgeheizten Backofen bei 200°C für 20-25 Minuten backen. Anschließend abkühlen lassen, in Quadrate schneiden und z. B. zu Bohnen oder Suppen reichen.

OVEN FRIED OKRA

200 g frische Okra Schoten
80 ml Mandelmilch
1 TL Essig
50 g Reismehl
50 g Maismehl
10 g Nährhefe
1 TL Salz
1/4 TL Pfeffer, gemahlen
1/4 TL Knoblauchpulver
Prise Cayennepfeffer, gemahlen

Okra Schoten waschen, von den Enden befreien und in ca. 1 cm dicke Scheiben schneiden. Mandelmilch und Essig vermischen und beiseitestellen. Reismehl, Maismehl, Nährhefe, Salz, Pfeffer, Knoblauchpulver und Cayennepfeffer in eine Rührschüssel geben und gut vermischen. Die Okra Scheiben zuerst in die Mandelmilchmischung tunken und dann in der Mehlmischung wälzen, so dass die Scheiben von allen Seiten gut bedeckt sind. Dann die Scheiben auf ein mit Backpapier belegtes Backblech verteilen und für 10-12 Minuten im vorgeheizten Backofen bei 230°C backen. Die Okra Scheiben wenden und für weitere 10-12 Minuten backen und sofort im Anschluss servieren.

SWEET POTATO CASSEROLE

4 Süßkartoffeln, mittelgroß
Wasser
Prise Salz
2 EL vegane Margarine
60 ml Ahornsirup
60 ml Mandelmilch, ungesüßt
3 EL Kokoszucker oder brauner Zucker
Prise Zimt, gemahlen

Topping
100 g Pekannüsse
40 g Reismehl
60 g Kokoszucker oder brauner Zucker
4 EL Öl
Salz

Kartoffeln waschen, schälen und in Würfel schneiden. In einem Topf Wasser aufkochen, die Kartoffeln zusammen mit einer Prise Salz hinzufügen und für ca. 15 Minuten bei mittlerer Stufe weichkochen.
In der Zwischenzeit die Topping-Zutaten in eine Küchenmaschine oder Standmixer geben und zerhacken.
Kartoffeln abtropfen und zusammen mit 2 Esslöffeln veganer Margarine in eine Rührschüssel geben und die Kartoffeln fein stampfen. Ahornsirup, Mandelmilch, Zucker, Prise Salz und Zimt hinzufügen und zu einer glatten und cremigen Masse verarbeiten. Hier kann auch eine Küchenmaschine oder ein Mixer verwendet werden.
Die Süßkartoffelmischung in eine Auflaufform geben und glattstreichen. Nun die Streuselmischung drüber geben und gleichmäßig verteilen. Nach Wunsch können noch eine Handvoll sehr grob gehackte Pekannüsse darüber verteilt werden.
Im vorgeheizten Backofen bei 190°C für 30-35 Minuten backen, bis die Kruste goldbraun ist. Als Beilage ergibt dieses Rezept ca. 8 Portionen.

DESSERTS

SÜSSSPEISEN

APPLE PIE

Teig
90 g Hafermehl, glutenfrei
160 g Reismehl
1 EL Tapiokastärke
1/2 TL Salz
150 g vegane Margarine
2-3 EL Wasser

Füllung
6-7 Äpfel
65 g Zucker
3 EL Reismehl
1 TL Zimt, gemahlen
1/2 TL Muskatnuss, gemahlen
1/4 TL Vanille-Extrakt
1/8 TL Salz
1 EL vegane Margarine

Glasur
2 EL Mandelmilch   1 TL Agavensirup

Hafermehl, Reismehl, Tapiokastärke und Salz in eine Schüssel geben und gut vermischen. Vegane Margarine hinzugeben und gleichmäßig in die Mehlmischung einarbeiten. Wasser jeweils einen Esslöffel nach dem anderen hinzufügen und zwischendurch den Teig mit den Händen gut durchkneten. Den Teig halbieren, beide Teile in Frischhaltefolie wickeln und für 15 Minuten in den Kühlschrank stellen.
Äpfel schälen, in dünne Scheiben schneiden und in eine Schüssel geben. Anschließend mit Zucker, Reismehl, Zimt, Muskatnuss, Vanille Extrakt und Salz bestreuen und vermischen, bis die Äpfel gut mit der Zuckermischung bedeckt sind.
Eine Hälfte des Teiges auf Backpapier legen und passend zu einer 23 cm runden Form ausrollen. Das Backpapier zusammen mit dem Teig heben, wenden und den Teig in die Form legen. Das Backpapier wegnehmen und die Form mit dem Teig bis zum Rand auskleiden. Die andere Hälfte des Teiges ebenfalls rund ausrollen und in ca. 2 cm dicke Streifen schneiden. Die Äpfel in die Form geben und gleichmäßig verteilen. 1 EL Margarine in kleine Stückchen aufteilen und auf die Äpfel geben. Nun die Teigstreifen auf die Äpfel legen und eine Rasterform erzeugen. Mit den Fingern die Kuchenränder runterdrücken. Mandelmilch und Agavensirup vermischen und mit einem Pinsel auf die Rasterform streichen. Im vorgeheizten Backofen bei 190°C für 45 Minuten backen und vor dem Schneiden auskühlen lassen.

2 EL Leinsamen, geschrotet
60 g Mandelbutter
60 ml Ahornsirup
75 g Kakaopulver, ungesüßt
1/4 TL Salz
90 g Schoko Tröpfchen, vegan

6 EL Wasser
80 g Kokoszucker
70 ml Öl
1 TL Vanille-Extrakt
40 g Hafermehl
Fett für die Form

Leinsamen und Wasser vermischen und für 15 Minuten beiseitestellen. Mandelbutter, Zucker, Ahornsirup und Öl in eine Schüssel geben und mit einem Schneebesen gut vermischen, bis eine karamellartige Masse entsteht. Unter Rühren nach und nach Kakaopulver hinzufügen. Vanille-Extrakt und Salz ebenfalls beigeben. Nun die Leinsamen unterrühren. Das Mehl langsam einarbeiten, bis eine glatte, feste Masse entsteht. Schoko Tröpfchen beimischen und den Teig in eine gefettete und mit Backpapier ausgelegte quadratische Metallform (20 x 20 cm) geben. Im vorgeheizten Backofen bei 160°C für ca. 30-35 Minuten backen. Einen Stäbchentest durchführen. Vor dem Schneiden komplett auskühlen lassen. Ergibt 16 Brownies.

DONUTS

<u>Teig</u>
200 g glutenfreies Mehl
120 ml Mandelmilch
4 EL Ahornsirup
2 EL Kokosöl, geschmolzen
1/4 TL Vanille-Extrakt
Fett für die Donut Backform

<u>Zimt und Zucker Mischung</u>
5 EL Zucker
1 TL Zimt, gemahlen

<u>Glasur</u>
2 EL Mandelmilch
140 g Puderzucker, gesiebt

Glutenfreies Mehl, Mandelmilch, Ahornsirup, Kokosöl und Vanille-Extrakt in eine Schüssel geben und zu einer glatten Masse verarbeiten. Eine 6-er Donut Backform mit veganer Margarine oder Kokosöl einfetten und den Teig in die Donut Form füllen. Im vorgeheizten Backofen bei 180°C für circa 14 Minuten backen. Bei Bedarf eine Stäbchenprobe mit einem Zahnstocher durchführen. Wenn kein Teig am Zahnstocher kleben bleibt, sind die Donuts fertig gebacken. Währenddessen Zimt und Zucker in eine Schüssel geben und gut vermischen.
Die Donuts für 5 Minuten abkühlen lassen und anschließend aus der Form nehmen. Ein Zahnstocher kann bei Bedarf helfen, die Donuts aus der Form zu bekommen. Die untere, noch heiße und eingefettete Seite der Donuts in die Zimt- und Zucker-Mischung tauchen und auf einem Gitter abkühlen lassen. Danach gesiebten Puderzucker und Mandelmilch vermischen und über die Donuts geben.

FUDGE

90 g Schokolade, vegan, gehackt oder Tröpfchen
120 g Mandelbutter oder Tahini (Sesampaste)
1/2 TL Pfefferminz-Extrakt oder Vanille-Extrakt

Wasserbad: In einem kleinen Topf Wasser erhitzen und eine Schale darüber platzieren. Die Schokolade bei Bedarf zerkleinern, in die Schale geben und unter Rühren schmelzen lassen. Mandelbutter oder Tahini und den Extrakt hinzufügen und sehr gut vermischen. Die Masse in eine mit Backpapier ausgelegte kleine Kastenform oder Auflaufform geben, gleichmäßig verteilen und glattstreichen. Die Form für 40 Minuten in das Tiefkühlfach geben und anschließend in kleine Quadrate schneiden.

PEANUT BUTTER COOKIES

150 g Erdnussbutter
50 g Zucker
75 ml pflanzlicher Milchersatz
75 g Hafermehl, glutenfrei
Schoko Tröpfchen (optional)

Erdnussbutter, Zucker, pflanzlichen Milchersatz und Hafermehl in eine Schüssel geben, gut vermischen und zu einem Teig verarbeiten. Aus dem Teig 12 Kekse formen, mit einer Gabel Linien auf den Keksen erzeugen und auf ein mit Backpapier belegtes Blech legen. Auf Wunsch mit veganen Schoko Tröpfchen belegen. Im vorgeheizten Backofen bei 180°C für 10 Minuten backen.

100 g Mandelmehl
30 g Hafermehl, glutenfrei
75 ml Ahornsirup
1 EL Kokosöl, geschmolzen
2 EL Mandelmilch
1/2 TL Vanille-Extrakt
1/2 TL Salz
45 g Tröpfchen Schokolade, vegan

COOKIE DOUGH

Alle Zutaten in eine Schüssel geben, gut vermischen und zu einem Teig formen. Den Teig in kleine Bällchen / Häppchen formen und für 15 Minuten ins Tiefkühlfach stellen. Mit Eiscreme reichen oder einfach so (roh) verzehren.

Alternativ können die Teigbällchen im vorgeheizten Backofen bei 180°C für 10 Minuten gebacken werden und so als richtige Cookies verzehrt werden.

240 g Schokolade, gehackt oder Tröpfchen
60 g Erdnussbutter
1 EL Ahornsirup
1/4 TL Salz, grobkörnig

PEANUT BUTTER CUPS

Wasserbad: In einem kleinen Topf Wasser erhitzen und eine Schale darüber platzieren. Die Schokolade bei Bedarf zerkleinern, in die Schale geben und unter Rühren schmelzen lassen.

Erdnussbutter und Ahornsirup vermischen.

8 Muffinformen (aus Silikon oder Papier) bereitstellen und jeweils einen Esslöffel geschmolzene Schokolade in jede Form geben. Die Formen für 10 Minuten in die Tiefkühltruhe stellen, damit die Schokolade fest wird. Danach 1-2 Teelöffel Erdnussbutter in die Formen geben und plattdrücken. Die restliche geschmolzene Schokolade auf die Muffinformen verteilen, glattstreichen, mit grobkörnigem Salz bestreuen und für 15 Minuten in das Gefrierfach stellen, bis die obere Schicht Schokolade ebenfalls fest ist. In einem luftdichten Behälter bei Zimmertemperatur lagen, damit die Cups beim Zubeißen nicht zu hart sind.

CHEESE CAKE

Boden
40 g Walnüsse
40 g Mandeln
100 g Datteln, entsteint
Prise Salz

Füllung
200 g Cashewkerne
180 g Kokoscreme, fester Teil aus der Dose Kokosmilch
30 ml Ahornsirup
40 g Kokosöl, geschmolzen
2 EL Zitronensaft
1/4 TL Vanille-Extrakt

Soße
150 g Blaubeeren (amerikanische Heidelbeeren), frisch oder gefroren
2 EL Ahornsirup

Cashewkerne für 6 Stunden in Wasser einweichen. Eine Springform (18 cm oder 22 cm – je größer die Springform, umso flacher der Kuchen) mit Backpapier auslegen und die Seiten mit geschmolzenem Kokosöl bepinseln.
Alle Zutaten für den Boden in eine Küchenmaschine geben, zerkleinern und zu einer klebrigen Masse verarbeiten. Die Masse in die Springform reindrücken und einen gleichmäßigen Kuchenboden erzeugen. Die Springform kurz in das Tiefkühlfach stellen. Cashewkerne abtropfen und zusammen mit den restlichen Zutaten für die Füllung in die Küchenmaschine geben und zu einer sehr feinen, glatten Creme verarbeiten. Die Creme auf den Kuchenboden geben, glattstreichen und diesmal für ca. 1 Stunde in das Tiefkühlfach stellen.
In der Zwischenzeit Blaubeeren und Ahornsirup in einen Topf geben und bei schwacher Hitze und unter regelmäßigem Rühren für 10 Minuten kochen und anschließend abkühlen lassen. Beim Servieren die Soße über den Kuchen geben.

PEACH COBBLER

Füllung
5 Pfirsiche, gehäutet / geschält und entkernt, in Spalten geschnitten
3 EL Kokoszucker
1 TL Tapiokastärke
1/4 TL Zimt, gemahlen
1/8 TL Muskatnuss, gemahlen
Fett für die Form

Topping
120 ml Mandelmehl
65 g Tapiokastärke
1 1/2 TL Backpulver
60 ml Mandelmilch, ungesüßt
60 ml Öl
1 TL Vanille-Extrakt
1 EL Kokoszucker

Zum Bestreuen (optional)
1 EL Kokoszucker
1/2 TL Zimt, gemahlen

Pfirsiche, Zucker, Tapiokastärke, Zimt und Muskatnuss in eine Schüssel geben und gut vermischen. Eine Auflaufform einfetten und die Pfirsichmischung darin verteilen. Für das Topping: Mandelmehl, Tapiokastärke, Backpulver, Mandelmilch, Öl, Vanille-Extrakt und 1 Esslöffel Zucker miteinander vermischen und über die Pfirsiche geben. Nach Wunsch 1 Esslöffel Zucker mit dem Zimt vermischen und über den Teig streuen. Im vorgeheizten Backofen bei 190°C für 25 – 35 Minuten backen. Hierbei den Stäbchentest durchführen. Mit veganem Eis reichen.

CHERRY PIE

Boden
90 g Hafermehl, glutenfrei
160 g Reismehl
1 EL Tapiokastärke
1/2 TL Salz
150 g vegane Margarine
2-3 EL Wasser

Füllung
2 Gläser Schattenmorellen, abgetropft
1 EL Zitronensaft
5 EL Ahornsirup
3 EL Tapiokastärke

Hafermehl, Reismehl, Tapiokastärke und Salz in eine Schüssel geben und gut vermischen. Vegane Margarine hinzugeben und gleichmäßig in die Mehlmischung einarbeiten. Wasser jeweils einen Esslöffel nach dem anderen hinzufügen und zwischendurch den Teig mit den Händen gut durchkneten. Den Teig halbieren, beide Teile in Frischhaltefolie wickeln und für 15 Minuten in den Kühlschrank stellen. Anschließend eine Hälfte des Teiges auf Backpapier legen und passend zu einer 23 cm runden Form ausrollen. Das Backpapier zusammen mit dem Teig heben, wenden und den Teig in die Form legen. Das Backpapier wegnehmen und die Form mit dem Teig bis zum Rand auskleiden. Abgetropfte Schattenmorellen, Zitronensaft, Ahornsirup und Tapiokastärke in einer Schüssel gut vermischen und anschließend auf den Teigboden geben. Die andere Hälfte des Teiges ebenfalls auf Backpapier legen und rund ausrollen. Das Backpapier zusammen mit dem Teig heben, wenden und auf die Kirschfüllung legen. Das Backpapier wegnehmen und den Teig an den Rändern mit Hilfe der Finger oder einer Gabel runterdrücken. Im vorgeheizten Backofen bei 190°C für 30-40 Minuten backen und vor dem Schneiden auskühlen lassen. Je nach Belieben mit grobkörnigem Zucker bestreuen und mit einer Kugel Eis servieren.

PUMPKIN PIE

Boden
50 g Hafermehl, glutenfrei
1/2 EL Tapiokastärke
75 g vegane Margarine
75 g Reismehl
1/4 TL Salz
1-2 EL Wasser

Füllung
450 g Hokkaidokürbis-Püree
240 ml Mandelmilch
30 g Tapiokastärke
1/2 TL Muskatnuss, gemahlen
1/2 TL Ingwer, gemahlen
Salz
150 g Zucker
1 TL Zimt, gemahlen
Prise Nelken, gemahlen

Kürbis waschen, teilen und mit Hilfe eines Löffels von den Kernen befreien. Die Hälften leicht salzen und mit dem Fleisch nach unten auf ein mit Backpapier belegtes Backblech legen. Im vorgeheizten Backofen bei 200°C für 45 Minuten backen. Danach kurz abkühlen lassen. Hafermehl, Reismehl, Tapiokastärke und Salz in eine Schüssel geben und gut vermischen. Vegane Margarine hinzugeben und gleichmäßig in die Mehlmischung einarbeiten. Wasser jeweils einen Esslöffel nach dem anderen hinzufügen und zwischendurch den Teig mit den Händen gut durchkneten. Den Teig in Frischhaltefolie wickeln und für 15 Minuten in den Kühlschrank stellen. Anschließend den gekühlten Teig auf Backpapier legen und passend zu einer 23 cm runden Form ausrollen. Das Backpapier zusammen mit dem Teig heben, wenden und den Teig in die Form legen. Das Backpapier wegnehmen und die Form mit dem Teig bis zum Rand auskleiden. Das gebackene Kürbisfleisch herauslöffeln, 450 g abwiegen und in eine Küchenmaschine geben. Mandelmilch, Zucker, Stärke und Gewürze hinzufügen und in der Küchenmaschine zu einer glatten, cremigen Masse verarbeiten. Die Masse auf den Teigboden gießen und gleichmäßig verteilen. Den Kuchen bei 180°C für 45 Minuten backen und anschließend komplett auskühlen lassen. Für mehrere Stunden, am besten über Nacht im Kühlschrank aufbewahren. Mit veganer Schlagsahne servieren.
Falls Kürbis übriggeblieben ist, kann dieser eingefroren werden. Bei Wasserbildung nach dem Auftauen das Wasser abgießen.

S'MORES

Graham Crackers

280 g glutenfreies Mehl	1/2 TL Backpulver	1/2 TL Natron
1/4 TL Salz	1 TL Zimt, gemahlen	80 g brauner Zucker
120 g vegane Margarine	3 EL Wasser	3 EL Ahornsirup

vegane Marshmallows

Zartbitterschokolade

Glutenfreies Mehl, Backpulver, Natron, Salz, Zimt und Zucker in eine Schüssel geben und gut vermischen. Vegane Margarine hinzufügen und mit Hilfe einer Gabel gut einarbeiten, bis sich Krümel bilden. Wasser und Ahornsirup hinzufügen und mit den Händen kneten, bis ein glatter Teig entsteht. Den Teig in Frischhaltefolie wickeln und für eine Stunde in den Kühlschrank stellen.

Auf einer bemehlten Arbeitsfläche den Teig in 4 Teile teilen und jedes einzelne Teil mit einem Nudelholz separat ausrollen, etwa 5 mm dick. Die Ränder mit einem Messer oder Pizzaschneider gerade wegschneiden, so dass 4 Quadrate entstehen. Zum Schluss alle weggeschnittenen Teigränder zusammenkneten und ebenfalls zu einem Quadrat ausrollen. Mit Hilfe des Messers oder Pizzaschneiders nun alle Quadrate nochmals in kleine Quadrate à 5 cm aufteilen. Jedes 5 cm Quadrat mit einer Gabel mehrmals einstechen. Die Quadrate auf ein mit Backpapier belegtes Backblech legen und im vorgeheizten Backofen bei 180°C für 5-10 Minuten backen, bis die Cracker an den Rändern leicht braun werden.

Vegane Marshmallows aufspießen und unter regelmäßigem Drehen auf dem Camping feuer oder Grill rösten (nur geeignet bei großen Marshmallows). Alternativ können die Marshmallows in eine Grillschale gelegt und auf dem Grillrost unter mehrmaligem Wenden geröstet werden. Rösten ohne Grill: Marshmallows in eine Auflaufform legen und im Backofen bei 160°C für 8 Minuten erwärmen.

Jeweils ein Stück Zartbitterschokolade auf einen Graham Cracker legen und weichen Marshmallow drauf platzieren. Das Ganze mit einem weiteren Graham Cracker toppen und genießen.

Marshmallows am Spieß über dem Lagerfeuer

S'mores Zutaten
Graham Crackers
Marshmallows
Zartbitterschokolade

Marshmallows aus dem Ofen

CARROT CAKE

150 g Zucker
180 ml Öl
400 g Hafermehl, glutenfrei
1 TL Natron
1/2 TL Salz
1/2 TL Muskatnuss, gemahlen
120 g Walnüsse, gehackt

180 ml Mandelmilch
1 EL Apfelessig
1 TL Backpulver
1/2 TL Vanille-Extrakt
2 TL Zimt, gemahlen
6 Möhren, mittelgroß, fein geraspelt
Fett für die Form

Zucker, Mandelmilch, Öl und Apfelessig in eine Schüssel geben und gut verrühren. Hafermehl, Backpulver, Natron, Vanille-Extrakt, Salz, Zimt und Muskatnuss hinzufügen und nochmals gut umrühren, bis eine glatte Masse entsteht. Anschließend Möhren und Walnüsse in die Masse einarbeiten. Den Teig in eine vorgefettete und mit Backpapier ausgelegte 26-er Springform gießen und glattstreichen. Im vorgeheizten Backofen bei 180°C für ca. 50 Minuten backen. Vor Beenden des Backvorgangs eine Stäbchenprobe in der Mitte des Kuchens durchführen und eventuell die Backzeit um einige Minuten verlängern. Dann den Kuchen vom Ring befreien und vollständig auskühlen lassen, damit das Frosting beim Auftragen nicht schmilzt.
In der Zwischenzeit das Frosting zubereiten (Zutaten und Zubereitung siehe nächste Seite /Seite 53).
Den Kuchen in zwei gleich dicke Schichten schneiden. Dazu den Rand zuvor mittig mit einem Messer einschneiden. Das Messer sollte idealerweise länger sein als der Tortenboden. Nun das Frosting zwischen die Böden streichen und den kompletten Kuchen damit ummanteln.

RED VELVET CAKE

230 ml Sojamilch
1 EL Zitronensaft
250 g glutenfreies Mehl
200 g Zucker
1 TL Natron
1/2 TL Salz
1 EL Kakaopulver, ungesüßt
1 TL Vanille-Extrakt
80 ml Öl
1 EL Apfelessig
3 EL Lebensmittelfarbe, rot, vegan
Fett für die Form

Frosting
400 g Puderzucker
55 g Margarine, vegan, Zimmertemperatur
3 EL Frischkäse, vegan, Zimmertemperatur
1 EL Zitronensaft
1 TL Vanille-Extrakt

Sojamilch und Zitronensaft vermischen und für 5 Minuten bei Zimmertemperatur stehen lassen. Mehl in eine Schüssel sieben und mit Zucker, Natron, Salz und Kakaopulver vermischen. Nun das Sojamilch-Zitronensaft Gemisch, Vanille-Extrakt, Öl, Apfelessig und rote Lebensmittelfarbe zu den trockenen Zutaten geben und mit einem Schneebesen zu einem glatten Teig verrühren. Den Teig in eine vorgefettete und mit Backpapier ausgelegte 26-er Springform gießen und glattstreichen. Im vorgeheizten Backofen bei 180°C für 40 Minuten backen. Vor Beenden des Backvorgangs eine Stäbchenprobe in der Mitte des Kuchens durchführen und eventuell die Backzeit um einige Minuten verlängern. Dann den Kuchen vom Ring befreien und vollständig auskühlen lassen, damit das Frosting beim Auftragen nicht schmilzt. Frosting: Puderzucker in eine Schüssel sieben, alle weiteren Frosting-Zutaten mit in die Schüssel geben und mit einem Handrührgerät aufschlagen, bis die Masse eindickt. Den Kuchen in zwei gleich dicke Schichten schneiden. Dazu den Rand zuvor mittig mit einem Messer einschneiden. Das Messer sollte idealerweise länger sein als der Tortenboden. Nun das Frosting zwischen die Böden streichen und den kompletten Kuchen damit ummanteln.

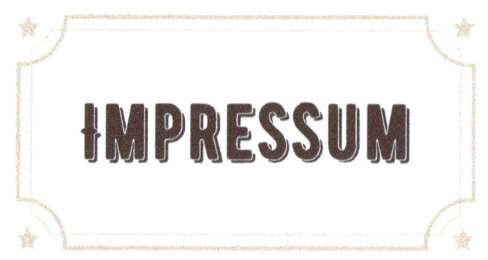

IMPRESSUM

1. Auflage April 2020
ISBN Paperback: 978-1-7770099-4-6
Inhalt und Gestaltung: Annette Heringmann
Independent-Verlag: SD International Inc. • 11227 162A AVE • T5X 1Z9 • Edmonton • Alberta • Kanada • sd.international.inc@gmail.com

Dieses Werk mit all seinen Inhalten ist urheberrechtlich geschützt. Jegliche Verwertung außerhalb des Urheberrechtsgesetzes ist ohne Zustimmung nicht gestattet. Dies gilt besonders für Vervielfältigungen, Übersetzungen, Verarbeitung und öffentliche und elektronische Zugänglichmachung.

HAFTUNGSAUSSCHLUSS

Das Werk inklusive aller Inhalte wurde unter größter Sorgfalt erarbeitet. Die Benutzung dieses Werkes und die Umsetzung der darin enthaltenen Informationen erfolgt ausdrücklich auf eigenes Risiko. Die Autorin kann für etwaige Unfälle und Schäden jeglicher Art, die sich beim Umsetzen der in diesem Buch aufgeführten Inhalte ergeben (z.B. aufgrund fehlender Sicherheitshinweise), aus keinem Rechtsgrund eine Haftung übernehmen. Haftungsansprüche gegen die Autorin für Schäden materieller oder ideeller Art, die durch die Nutzung oder Nichtnutzung der Informationen bzw. durch die Nutzung fehlerhafter und/oder unvollständiger Informationen verursacht wurden, sind grundsätzlich ausgeschlossen. Rechts- und Schadensersatzansprüche sind daher ausgeschlossen. Die Autorin übernimmt keine Gewähr für die Aktualität, Korrektheit, Vollständigkeit und Qualität der bereitgestellten Informationen. Druckfehler und Falschinformationen können nicht vollständig ausgeschlossen werden.

www.ingramcontent.com/pod-product-compliance
Lightning Source LLC
Chambersburg PA
CBHW051259110526
44589CB00025B/2877